JN439046

바람이려오

이상복 시집
바람이려오

초판인쇄 2024년 6월 17일
초판발행 2024년 7월 1일

지은이_ 이상복
발행인_ 이현자
발행처_ 도서출판 현자

등 록_ 제 2-1884호 (1994.12.26)
주 소_ (우)04550 서울시 중구 수표로 50-1(을지로3가, 4층)
전 화_ (02) 2278-4239
팩 스_ (02) 2278-4286
E-mail_001hyunja@hanmail.net
값 11,000원

ISBN 978-89-94820-95-8 03810

바람이려오

이상복 시집

도서출판 현자

自序_

고교 시절,

교지에 기행문이 실리면서

글쓰기에 관심을 갖게 되었습니다.

격동의 시기,

책에서 위로받고 용기를 얻어

인생 제2막을 새롭게 시작하면서

무료함을 달래기 위해 시를 쓰며 등단하게 되었습니다.

어느덧 제 나이 고희를 앞두고 제1시집을 출간하게 되었습니다.

다듬기를 여러 번 반복했지만 아직도 미완의 작품인 것 같습니다.

설렘보다는 두려운 마음으로 세상에 발을 디뎌봅니다.

2024년 강화도에서
이 상 복

1부 껍데기

2부 인화초

3부 내 고향 강화도

4부 푸른 낙엽

1부 껍데기

거울 속 노인

거울 속 저 노인
나만 따라서
웃으면 웃고
화내면 같이 화를 낸다

어느덧
빛바랜 내 청춘
노을 진 강가
부서진 나룻배 신세 같으니

강산은 그대로인데
나만 홀로
돌고 돌았네
인생 참 빠르기도 하여라

건강 검진

정기 건강 검진 결과
큰 병원 가보라기에
태연한 척했건만
만감이 교차하고 초조하니
과거를 회상하며
참회의 시간 갖는다

연식이 오래되었으니
고치면 다행이고
아니면
별수 없다고
애써 마음 다잡지만

환자복이 왠지
수의 입는 묘한 기분
한참을 기다려 나온 결과
괜찮다는 의사의 말에
조였던 가슴 스멀스멀 펴진다

껍데기

알맹이
품었던 껍데기
생을 다해
쓸모없으면 버려진다

열 달
고이 품은 자식
세상 밖 탄생시키고
충만하던 가슴
나 또한 껍데기 되어
허허로워라

우거진 숲속
딱새의 둥지는
바람만 가득 찬
빈 둥지이고

우리 집
새롬이도

껍데기 될 무렵
어미는
이미 가고 없다

꽃구경

화창한 봄날의 유혹
고려산 진달래 축제 향해
아내와 앞서거니 뒤서거니

인파에 떠밀려 도착한 정상
눈앞에 펼쳐진 붉게 타는 꽃 천지
저마다 사진 찍기에 바쁘다

빈대떡에 시원한 막걸리 한잔
어찌 그냥 갈소냐
취기에 하늘이 동전만 하다

하산하는 길
가벼운 발걸음
다정한 인사에

아내도 웃고
나도 웃고
모두가 웃는다

내리사랑

등짐 지셨던 아버지
밭일에 찌드신 어머니

당신들보다 잘살아 보라고
괴나리봇짐 싸 주시어
수십 년 타향살이에
일찍 철들었고

내 자식들
아비보다 발전하라고
선비봇짐 꾸려주었더니
선비 되어 금의환향

유산으로
근면과 사랑을 물려받았고
자식에게 물려주니
결실로 이어져 행복하다

누님과 누이동생

누님과 여동생
친정집 기둥이라며
따뜻이 나를 보살핀다

누님은 이따금씩 밥 먹었냐고 물으시고
여동생은 건강을 물어 오니
엄마 같은 고마운 누이들

내게 모든 것 양보하고
평생 노동에 고단한 삶
무엇으로 보답하리오

근검절약은 삼 남매가 물려받은 유산
억척스럽지만
서로 의지하고 행복 나누며 살지요

마라톤

내 나이 오십에
세상 끝을 향한
힘찬 질주를 시작했다

내딛는
발걸음
내일을 향하고 있기에 경쾌하다

오름이 있으면
내림이 있기 마련
마라톤은 인생의 축소판

역경을 만나
새로운 지혜 얻고
작은 뜻 모여 큰 사랑 되기에

오늘도 승리자 되려
두 팔 들어
태양의 하루를 시작한다

명절 준비

설날을 앞두고
설렘으로
아내와 음식 준비 바쁘다

가래떡도 뽑았고
달달한 감주에
세뱃돈도 두둑하게 준비했다

나도
며느리한테 용돈 받으면
화려한 옷 한 벌 장만해야지

지금
나는 황홀경
아직도 두 밤이나 남았는데

무제

자자손손 영달할 수만 있다면
나를 당신의 제물로 사용해도 좋소
그럼 약조해 주시오

하고 픈 것들 미뤄 두고
겨우 허리 한 번 펴 보려는데
이것도 사치라고 질투 하나요

나 하나 희생해서
우리 가족 모두 살 수 있다면
난 그 길 택함에
주저함 없으리오

사주팔자

나는 원숭이띠 정월 생
혹한기 허허벌판
전쟁 후 폐허에 태어났소이다

전쟁터가 놀이터
전쟁놀이하고 놀았고

원조받은 밀가루 강냉이로 끼니 잇고
미군의 잔반통 뒤져 소시지 맛 처음 알았고

기약 없는 삶
악연으로만 이어지니
밑바닥 기구한 운명으로 살았소

그래도 말년은
꽃길로 보상받아 행복 누리니
나는 참 재수 좋은 행운아

성묘

공동묘지
아버님 뵈러 가는 길
오르내리기에 기진맥진

오가는 사람 없으니
으스스 두리번두리번
밀림 속 찾아 헤맨다

정적을 깨우는 딱따구리 소리
목탁 소리 같으니
영가들의 극락왕생 비나 보다

발채에 하나 가득
사랑받아 내려오는 길
난 아직도 어린아이인가 보다

아내

믿음 하나로
험한 세상, 측은지심 살아준 당신
고맙소

자식들
모두 둥지 떠나고
달랑 남은 우리 두 사람

어느덧 반백
허전한데
몸도 예전 같지 않고

평생 빚진 거 많아
여생은
자유로운 영혼으로 살게 하고 싶소

당신 행복이
내
행복이기에

어머니

단풍 곱게 물든 산에
당신과 함께
나들이 가고 싶었는데
새싹 움트기도 전에
먼 길 홀로 떠나셨네

앞산 뒷산에
사연 많은 흔적
추억으로 남기시고
먼 길 홀로 떠나셨네

어젯밤 밤 꿈속
폭포수 아래
흰 모시 저고리 입으신
고운 당신 뵙고 깨어나
그 마음 헤아려 보니
좋은 추억 하나 없던 당신

고운 목청의
산새 소리 물새 소리 바치오니

섭섭한 마음 갖지 마옵시고
불효한 이 마음 받아주소서

자장면과 고깃국

하얀 면발 위에
흑설탕 물 얹은 거 같으니
얼마나 달고 맛있을까

명절에 귀한 돼지 고깃국
먹을 줄 모르는데
엄마는 몸에 좋으니 자꾸만 먹으란다

자장면은 돈 없어 못 사 먹고
고기는 낯설어 못 먹으니
엄마는 얼마나 속상하셨을까

지금은
자장면에 탕수육까지 곁들여 먹고
돼지고기 쇠고기 실컷 먹으니
천국의 엄마 웃음소리 들린다

장수 사진

사진첩 속
맘에 드는 사진 골라
영정 사진 하나 준비하련다

더 늙으면 추하기에
인생 좀 알 것 같은
회갑쯤 모습이 좋겠다

마지막이기에
좋은 인상으로
작별을 고하고 싶다

죽음을 생각하니
모든 것이 소중하다

나머지 인생은 덤이니
베풀며 살다 가리라

천지

백두산 천지 향해
아내와 장도에 올라

지루하게 버스로 이동
지프차 갈아타고
낭떠러지에 목숨 걸었더니

영산은 쉽게 드러내지 않는데
기도가 통했던지
구름 장막 걷히고
검푸른 천지가 한눈에

동해물과 백두산이
애국가 따라 부르니
감동의 눈물이

온천수에 목욕하니
나도 신선이 되더라

행복

늙으니 더 행복하다

돈 안 벌어도 되고
꼴 보기 싫은 놈들 안 봐도 되고
일하다 힘에 부치면 내팽개쳐도 되고
낮잠 퍼져 자도 뭐라는 사람 없고
평일에 취미 생활도 할 수 있어 참 좋다

안 되는 것 없는 노년의 삶
온통 되는 것 천지다

해가 지면 달이 뜨거늘

마음 가는 대로
순풍에 돛단배처럼
유유히 살다 가련다

황혼

세상 모진 풍파에 맞서
승리자 되려했다

살아남기 위한 고된 인생살이
내 편은 하나도 없더라

어둠의 긴 터널
맨몸으로 통과했고
어느덧 황혼

결승선에 도달한 내게
고생했다고 좀 쉬어도 된다고 토닥토닥
설움의 눈물이 왈칵

한평생
나는
나를
왜
그토록 모질게 채찍을 가했을까

2부

인화초

농부의 사계절

농부의 삶

농심

돌탑

무지개

바람이려오

아가야

새 봄맞이

심부름꾼

알 수 없어요

예전엔 몰랐어요

인생

인화초

추억

하얀 철쭉꽃

혈구산

회향

흙

농부의 사계절

봄: 농사 계획 준비하고
과일나무 전지하고 병충해 방제하니
매화꽃부터 울긋불긋 아름답고
밭 갈아 모종 심으니 자랑스럽다

여름: 주렁주렁 달린 과실이 자식 같아
온갖 정성 쏟아부으니
하루가 다르게 쑥쑥
밤새 변했을 모습에 새벽잠 설친다

가을: 룰루랄라 결실의 계절
식량 비축하고 남으면 나눠 주고
그래도 남으면 손주들 용돈 되니
마음은 언제나 부자

겨울: 농한기는 재충전 시기
곳간은 언제나 차고 넘치고
방학 되어 손주들 놀러 오니
나는 행복한 농부

농부의 삶

초록의 대지에 풍덩 빠진
자유로운 영혼
농부라서 행복하다

농부는
생명 창고지기
나라 곳간 채워야 국민이 산다

농사가 힘들다고
돈이 안 된다고, 노 노
풍요로우니 여유롭다

벌레와 새들이 먼저 시식하고
좋은 것은 팔고 남으면 나눠 주고
못생긴 것만 먹어도 넉넉하니 좋다

농심

아카시아 꽃 흐드러지게 피고
찾아오는 벌 나비 없다면
얼마나 민망할까

꼬부랑 늙은이들
애써 농사지어 먹거리 장만했건만
햄버거만 사 달라 조르고

배가 고파 우는지
배불러 노래하는지
산비둘기만이 구구 댄다

농사꾼!
누군가 해야 하는 일이기에
나는 그 길을 가고 있다

돌탑

기도와 정성으로
돌덩이들 모아
틈날 때마다 돌탑 쌓으련다

누가 뭐라 한들 어떠하랴
고뇌로 얼룩진 내 인생 터전
힘닿는 데까지 추켜 보련다

막 생긴 돌이라도
쓰임새는 따로 있더라
큰 돌은 작은 돌로 고임을 하고

반백에 힘 부친 나
돌무덤 자리 하나 마련해 두고
이쯤에서 마무리하련다

무지개

아직도 새벽 시간
어둠이 사라지기를 기다려
맞이한 상쾌한 아침

하늘에 펼쳐진 웅장한 우주쇼
자연이 준 멋진 선물
남북으로 길게 뻗은 무지개 향연이다

카메라에 담기를 반복하다가
금방 사라질세라
아내를 급히 깨우니

빨주노초파남보 선명한 색상
우리 집에 경사가 있으려나
기분 좋은 하루의 시작이다

바람이려오

나
떠나거든
동풍 타고 왔다가
서풍에 쓸려간
인생쯤으로 기억해 주오

있는 듯
없는 듯
숨죽이며
땀 흘려 열심히
그리 살아왔소이다

부모님
삶의 터전에 계단 하나 올리니
자식들이 하나 둘 보태고
손주들이 상단에 올라
만세 부르는데
무슨 걱정 있으리오

아가야

우리 집 귀여운 강아지들
재롱에
허허 할배가 되었답니다

울어대고
고집을 부려도 좋아요
너희들이 있어
삶의 활력 넘친다

한때는 내 일터
이제는 너희들의 놀이터이니
숨바꼭질도 하고
잠자리도 잡으며
물장구도 쳐 보렴

너희들이 크는 만큼
나는 늙어 가겠지만

큰 사랑 받으며
무탈하게 자라서

세계 속의
빛나는 별이 되거라
아가야

새 봄맞이

정원수 머리하는 날
흩어진 나뭇가지
새싹 움트기 전
부지런 떨어야 한다

사다리 타고 올라가
큰 가지 먼저 자르고
오르내리기 수차례
맘에 들게 손질해 주련다

겨울바람이
쌓아 놓은 낙엽 태우니
농사 준비는 덤인데
마음은 분주하다

심부름꾼

해묵은 나뭇가지에도
새 생명 피어나는데
우리 인생도 그러했으면

꽃 잔치가 끝나고
여리여리 연두색 향연
꽃길인지 꿈길인지

텃밭 과수원 오가는
나는 잔심부름꾼
밥 달라
물 달라
약 달라
아우성들이다

늦은 꽃 서둘러 피고
한편엔 열매 맺으니
마음이 풍요롭다

알 수 없어요

예수님은 왜 '네 형제를 사랑하라' 하셨을까?
형제간 우애
지극히 당연한 말씀을
어미젖을 두고 싸움이 시작되어서일까?

소크라테스는 왜 '너 자신을 알라'고 했을까?
자신을 알면 남 얘기할 거 없을 텐데
비밀을 담아 두고는 못 살기에
남 얘기는 사흘 굶고도 한다지

사촌이 땅을 사면 왜 배가 아플까?
인간은 배고픈 것은 참아도
배 아픈 것은 못 참는다 하거늘
그래서 적은 가까이에 있나 보다

세상에는
궁금하고
알 수 없는 것들이 너무도 많다

예전엔 몰랐어요

부모님의 큰 사랑
손주들이 이다지도 예쁘고 귀여운지
예전엔 몰랐어요

가족이 힘의 원천이 되고
아내의 역할 크다는 것을
예전엔 몰랐어요

일터, 땀의 보람을
건강이 돈보다 소중하다는 것을
예전엔 몰랐어요

좋은 사람들이 세상에 더 많다는 것을
믿음으로 큰 은혜 받고 있음을
예전엔 몰랐어요

인생

평탄한 인생이 어디 있으랴
희로애락 굴곡 있기 마련

산허리
감싸고 도는 한가로운 비탈길
굽이굽이 흐르는 강물
적당히 휘어진 소나무처럼
굴곡진 인생도 괜찮더라

이따금
불행 떼거리로 몰려올 때
거센 파도
맞서지 말고 슬쩍 얹혀야
진정한 인생의 승자

휘몰아치는
회오리바람 같은
소용돌이 건너 봐야
인생 좀 알 것 같더라

인화초

내
자식 낳았을 땐
키울 걱정뿐이었는데

손주들은
초롱초롱 총명하고
똘망똘망 사랑스럽다

모든 생명체는
터를 잡고 짝을 지어
종족 잇기에 목숨까지도 바치지만

모든 진리
낳고 키워 봐야
비로소 인격이 완성되더라

추억

둘이 걷던 추억의 영릉 길
남한 강변 추억 생생한데
그대 찾을 길 아득하여라

한들한들 코스모스 길
외로운 벤치는 낭만 아지트
그대가 불러주던 노래 아직도 생생한데

밤새워
편지 쓰고 답장 기다리고
애간장 타게 하던 얄미운 사람아

그 시절
그 추억
그리워라

하얀 철쭉꽃

진달래 개나리 피고 지고
각양 색으로 피어난 철쭉꽃
그 중, 새하얀 철쭉꽃 순결하여라

자태가 고고하니
별 나비도 함부로 덤비지 못하고
독야청청 근엄하도다

너를 대하니

백의민족
대한독립 외쳤던 태극 깃발
선조들의 애국심
한민족의 자긍심 영원하리라

혈구산

내 고장
한복판 혈구산에서 내려다보면
동쪽에 문수산
서쪽에 석모도와 교동도
남쪽에는 마니산과 진강산
북쪽 바다 건너 북한 송악산이 보인다

선원초교
교가 첫 소절에 나오는 친숙한 혈구산
백두산과 한라산 중간지점에 위치해 균형을 유지한다

큰 바위 얼굴 닮았고
하루의 끝을 알려주는 해넘이 산
소원 빌면 응답하는 믿음의 산이다

봄이면 진달래 향연
겨울 설산은 한 폭의 산수화
어머니 품속 같은 포근한 산에 내가 안긴다

회향

잠시
나들이인 줄 알았는데
지나온 길 멀기도 하여라

부모 형제 가고 없는 낡은 옛집
찾던 이들 발길 끊어진 지 오래
허전한 마음 어찌 달래나

나 고향으로 돌아가리

이제부터 인생 2막
묵혔던 논밭 손질해서
아름다운 꽃 피워보리라

지난날
주인 싣고 가던 달구지처럼
덜거덕 삐거덕 그렇게 살아가리라

흙

흙에서 태어나고
그곳으로 돌아가니
흙은 만상의 고향이다

메마른 땅
물 주고 씨앗 뿌리니
새 생명 싹트고 자라니 경이롭다

주인 발자국소리 좋아한다기에
매일 가서 쓰담쓰담해 주니
좋은 결실로 보답하더라

소중한 인연 불러 모아
나누고 또 나누고
나눔의 손길 행복하여라

3부

내 고향 강화도

공덕

회색빛 내 인생
밝은 태양 비추니
희망을 노래하리라

이것저것
받은 거 많아
빚진 마음

어려운 이웃 찾아
넉넉한 정 나누며
소중한 인연 맺으리라

행복한 삶은 천국이요
고통은 지옥이니
천국 같이 살다 가리라

관리기와 개구리

나보다 더 늙은 우리 집 관리기
십여 년 더 농사지으려
거금 들여 새로 하나 장만했다

힘이 세고 부드러우니
장난감 선물 받은 아이처럼
이리 보고 저리 보고 신난다

시운전할 겸 밭갈이하는데
주먹만 한 것이 튕겨나간다
잠에서 덜 깬 개구리다

멀뚱멀뚱 미동하기에
어찌나 미안하던지
무사고이니 천만다행이다

금 사과

보릿고개의 고통 설움
좋은 세상 만나
넉넉하니 행복했는데

이상 기후로 농업이 비상시국
폭염에 가뭄 홍수 난리
사과 주산지가 대구에서 강원도까지

백만 명이 안 되는 농업인
말년의 노인들만
동력을 잃은 지 오래

광에서 인심 난다는데
문전옥답 묵혀두고
낯선 곡식, 과일 먹게 되면 어쩌지

내 고향 강화도

우리나라에서
네 번째로 큰 섬 강화도

단군 신화의 마니산 참성단
선사시대부터
고려, 조선, 현대사의 숨결이 살아 숨 쉬는
그야말로 지붕 없는 박물관이다

수도권의 유일한
산과 바다 호수가 어우러진 아름다운 섬
연중 관광객으로 인산인해

농업과 어업이 공존해
먹거리가 차고 넘치는
천혜의 땅

개구리 메뚜기 잡으며
방죽에서 미역 감고
산토끼 쫓아 온 산 헤맸던

어릴 적 추억이 녹아 있는 그곳에
고향 지킴이 되어 내가 살고 있다

돈과 건강의 함수관계

사람은
누구나 돈 많고 건강하길 바라지만
교만해지기에
신은 둘 중 하나를 선택하게 하는 것 같다

돈 아니면 건강
건강의 축복을 받고 태어났는데
돈에 탐욕 부린다면
돈과 건강 바꾸게 되기도 하고

저마다
타고난 팔자에 순응하며
둥글둥글 살면 좋으련만
항상 욕심이 산통을 깬다

재물 많으나 건강하지 못한 사람
돈 없어도 무병장수하는 사람
그래서
세상 공평하게 돌아가나 보다

동창회

어릴 적
친구들 만나면
아이처럼 웃을 수 있어 참 좋다

황혼기에
만나는 동창회 모임
친구들 모습에서 늙은 나를 발견한다

술친구 줄행랑치고
직장 동료 퇴직하니 연락 끊고
남는 건 죽마고우뿐
어느덧 해는 기울고 노을이 짙다

붓

붓 한 자루 내게 주시오
답답한 속 쏟아내고 싶소이다

서리서리 굴곡진 내 인생
새까맣게 탔소이다

한 많던 세월
끄집어낼 터이니

그대는 옆에서
짙은 구음이나 흘려주면 좋겠소

신들린 붓은
미쳐 날뛰고

까만 먹물은
강물이어라

답답한 속 비워내니
이제야 살 것 같소

비상

추락하는 나
새 삶 허락 받았으니

찬란한 빛
그것은 희망이어라

고난의 길 벗어나
평탄한 길 걷고

힘차게
창공에 올라
더 높이
더 멀리 날으련다

사랑

(변하는 사랑)

〈청춘 남녀 사랑〉
설렘의 풋사랑
탐색전의 곁눈질 사랑
위험한 불장난

〈부부간 사랑〉
유효기간
길고 긴 사랑
자식 연결 고리에 묶인 사랑
미운 정 고운 정에 구속된 사랑

〈고부간 사랑〉
형식적인 사랑
상거래에 계산되고 한정된 사랑
아들과 남편
점수 따라 정해지는 사랑

(천륜 사랑)

〈자식 사랑〉
핏줄로 이어진 무조건의 사랑
정화수 지극정성의 지고한 사랑
내리사랑

〈손주 사랑〉
눈에 넣어도
아프지 않은 사랑
수염 쥐어뜯겨도 허허
극진한 할배 사랑

술

오늘은
술 한 잔 생각난다
마주하는 이가 없어도 괜찮아

술 잘 먹는 놈이
일도 잘한다는 칭찬에
뽐내 봤건만
몸만 망그러졌으니

인생 1막
마무리하고
광야에 홀로 서 있자니 황망하다

어느덧
촌로 신세로 전락하다니
오호 애재라 오호 통재로다

술이야 불이야

한 잔 술에
술이 불이 돼
희로애락 있으니
내 인생도 술 역사에 보탠다

술은
적당히 마시면 보약도 되고
나를 춤추게 하고
잠 잘 자는 수면제가 되기도 하고
없던 용기도 주고
너그러이 용서하게 하고
꿈속 첫사랑도 만나게 해주고
태평양도 한 바가지라고 배짱부리게 하고
막걸리는 요기가 되니 밥 안 먹어도 배부르다

술
네가 있어
참 좋다

여고생

푸른 제복 군인 아저씨
한 여고생이 짝사랑했다네

앞날이 암울하니
사랑 따윈 애써 외면했건만
그녀의 열정
마음 흔들기에 충분했는데

제대하고 졸업하니
영원한 이별이 되더라

이제야 보고 싶다면
어쩌란 말이냐
이 바보야

연어

두메산골 여린 치어
오대양 육대주 돌고 돌아
개선장군 기세로 고향에 돌아와
종족 잇고
생을 마감하는 연어의 일생

고향을 향한 처절한 사투
잃는 것이 있으면 얻는 것이
얻는 것이 있으면 잃는 것이 있다는
세상 돌아가는 이치 깨닫게 될 때
그들도 철들고 비로소 어른이 된다

외포항

시원한 갯바람
가슴속 파고드는
외포항 나룻터

석모도와 마주하고
마니산 진강산이 잡힐 듯
갈매기 끼륵끼륵 한가롭다

강화도 여행의 출발지
주문진과 볼음도 잇는 연락선 분주하고
만선 고깃배 파도에 넘실넘실

산해진미
한 잔 술에 취하니
절로 배부르다

이별

그대 보고파
잠든 창문 두드려
얘기 나누고 싶어요

불안한 내 청춘에
슬피 떠난 그대
텅 빈 가슴 채울 길 없네

지금도 그 언약
영원하다고 소리쳐 본들
돌아오는 건 메아리뿐

꽃피는
계절이 오면
내 생각나겠지요

강산이
여러 번 바뀌어도
그리움은 영원히

천국 여행

오늘도
여생의 귀한 하루 시작
설렘으로 맞이하련다

뿌옇던 흑백 세상들이
총천연색의 아름다운 세상
천국을 여행하고 있다

형형색색
분명
천지신명께서 주신 선물 같은 은혜로다

아무 데나 걸어도 꽃길이고
아무 데나 누워도 내 집이니
감사가 절로 나온다

희망

인생 밑바닥이라고
세상 왜 이리 힘드냐고
신세타령하지 말자

바닥은 추락의 끝이고
육지의 끝자락은 바다의 시작이니
절망에서 희망 찾아보자

큰 나무 쓰러지면 작은 나무에게
부자 망하면 빈자에게
기회가 주어지기 마련이니

서두르지 말고 때를 기다려 보고
세상에 영원한 것 없으니
누구에게나 분명 좋은 기회가 올 것이다

4부

푸른 낙엽

계절 바람

봄에 부는 바람은
여인 치맛자락 흔들고
얼음장 녹이고
강남 제비 몰고 오고
꽃망울 흔들어 깨우는 바람

여름에 부는 바람은
메마른 대지 단비 내리게 하고
농작물 활력 불어넣어 주고
지친 농부 낮잠 들게 하고
그러나 태풍은 무서운 바람

가을에 부는 바람은
노총각 앙가슴 후벼 파고
낙엽 떨궈내고
알곡 여물게 하는
고마운 바람

겨울에 부는 바람은
미세먼지 몰아내고
흰 눈 뿌려주고
군고구마 생각나게 하고
연 띄우는 신나는 바람

기다림

이제나
저제나
오랜 기다림

메마른 대지
비틀어지고 죽어가니
농부의 가슴도 타 들어간다

한밤중
요란한 빗소리
이리 뛰고 저리 뛰고

보약 한 첩씩 받아먹은
새싹이 움트고
꽃들이 피어난다

자연의 위대함이여!

낡은 산장

외딴곳 낡은 산장
잔잔한 음악과 차향이 흐르던
단아한 여인 그립다

쫓기듯
살아가는 인생
어렵게 다시 찾은 산장

낙엽만 쌓이고
인기척 없어
기다리기를 한참

부스스
들창 너머로
누구 오셨소

노부부만이 산장 지키고
여인 찾을 길 없으니
돌아서는 발걸음 무겁다

달걀 한 꾸러미

옛적
초교 졸업 앞둔 쫑파티
내 준비물은 달걀 한 꾸러미였으나

빈손이기에
집에서 망설이고 있는데
급우가 찾아와
선생님이 그냥 와도 된다고 해
도살장 끌려가는 소가 되어 따라갔다

달걀
지금은 원 없이 먹고 있지만
수십 년이 지난 지금도
너만 보면
그때 내 신세가 너무도 초라해!

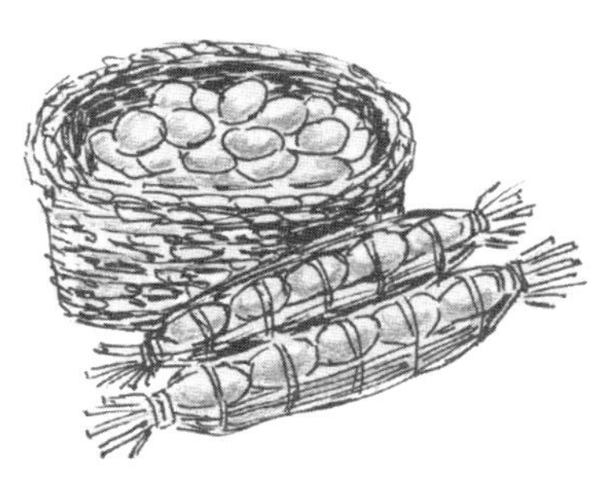

동물의 세계

육지 왕은 사자보다 코끼리 아닐까
민물 왕은 악어보다 하마인 거 같기도 하고
하늘 왕은 당연 독수리다

더럽고 치사한 하이에나
사냥하기보다는
떼거리로 다니며 남의 것 빼앗아 먹기 일쑤

친숙한 소리 새, 뻐꾸기
남의 둥지에 몰래 알 낳아 키우는
교활한 사기꾼이다

요즘
하이에나와 뻐꾸기 같은
인간들 너무 많아 걱정이다

물망초 사랑

시원한 강바람
가로수 그늘 아래
발길 멈추니

빨간 미니스커트
하얀 블라우스
해맑은 미소의 긴 머리 여인

산장의 여인 닮은 그 모습
출렁이는 마음
그리움 환영 되어 맴돈다

언제
다시 만날까
내 물망초 사랑

무익조

꽃향기
짙은 5월
녹색의 싱그러움 속

먼 듯
가까이서 들려오는 꾀꼬리 소리
아무리 찾아봐도 보이질 않네

어린 시절
새끼 몇 마리 키워보려 했지만
결코 어미가 될 수 없어 애태웠다

노오란
단장이 예쁘고
멜로디가 아름다운 새

너와
벗하고 싶지만
나는 무익조 신세

내가
너를 쫓을 수 없으니
네가 찾아오면 좋으련만

방랑자

단풍이 꽃만큼 고운 계절
마음 둘 곳 몰라
산사의 파수꾼이 되었다네

색 바랜 자취
애써 지우고
작은 소원 하나 빌러 왔소

찬란한 일출보다
노을에
마음이 끌리는 것은 왜일까

나
낙엽이 지면
방랑자가 되려오

그대가
없어도 괜찮아
길동무 만나게 될 터이니

산사의 아침

낙엽이 준비된 이별을 나누는 가을
염불 소리 속세에 퍼지니
새소리 낭랑하고
꽃향기 그윽하니 참 아름다워라

정열 바친 평생 일터에서 물러나
평화로운 산사에 머물며
악연 치유하면서
좋은 인연으로 이어 가련다

한때는 동고동락했었는데
작별의 인사도 없이
모두가 떠난 지 오래

나고 지는 평범한 진리
자연의 이치이거늘
나무아미타불 관세음보살

상사화

엄동설한 굳건히 지켜온 생명
눈부신 햇살 봄 맞으며
청초한 잎으로 태어났다

고운 꽃 기다림에
요동치는 설렘 여러 해
아직 기별 없어 애달프다

나 기꺼이
꽃피우기 위한 자양분 될 터이니
잎의 영혼으로 꽃 피워보려무나

끝없는 만남 갈구해야 하는
그리움만 지닌 상사화
전설 속, 가엽고 신비로운 꽃이여

야생화

앙증맞은 꽃무리들
내려앉으니
참 예쁘기도 하여라

밟히고 외면당하고
모질게 살아온 생
애처로워 어루만지니
살랑살랑 아양을 편다

강하고
순수한 생명력
한 자리 지켜온 터줏대감

젊은 시절엔
화려한 것만 보이더니
내가 많이 외로운가 보다

너를 꽃순이라 부르리

자목련

긴 겨울 이겨내고
눈부시게 피어난 목련화
감춰진 소담스런 미소 매혹적이고
부끄럼 많은 소녀같이 홍조 띤 얼굴

달덩이 꽃향기
고운 내 님이어라

얄궂은 봄바람 시샘에
짧은 만남 긴 이별은
어찌하리오

꿈속
진한 포옹
우리 사랑 이어가리라

첫눈

온통 하얀 세상
낙서 지워 놓은 도화지 같으니
여기에다 무얼 그릴까

얼룩진 내 인생도 깨끗이 지워
부잣집 아들로 다시 태어나
유학을 핑계로 세계 일주하면서
느릿느릿 인생 좀 즐기고 싶다

멋들어진 삐까뻔쩍 슈퍼카
천둥소리 내는 오토바이
파란 바다 위에 하얀 요트 띄워놓고
떵떵거리며 살고 싶다

보란 듯이 어깨 한 번 쫙 펴고
제대로 사고 한번 쳐 보고 싶다

청춘과 노인

청춘은 맘이
노인은 몸이
아프답니다

가슴이 답답한 청춘들은
시간도 돈이니
젊은 시절 겪은 어른에게 길을 물어요

툭툭 던지는 한마디에 답이 있고
멘토가 될 수 있으니
꼰대로만 치부하지 말아요

세상은 넓고 할 일은 많은 청춘
디지털 시대에 아날로그 사고, 노인
우리 서로 존중하고 배려하며 함께 살자구요

초가삼간

시골
넉넉한 인심 평화로운 자연
고향의 어머니를 연상하건만

정겨운 옛 모습은 간데없고
외지인들 울타리 쳐 놓고
감시카메라 삭막하기 그지없다

노인들만이 정든 땅 지키고
온종일 내다봐도 오가는 이 없으니
초가삼간 잡초에 묻힐 날만 남았구나

누가 이사 오고 갔는지
알 길 없으니
사람 냄새 더욱 그립다

코스모스 예찬

단아한 여인을 닮았고
목이 길고
가녀린 춤사위
늦은 가을에 피는 막내 꽃

겸손을 가르쳐 주고
유혹의 향기가 없고
꽃길 따라나서면 나들이 되고
명상을 주는 조용한 꽃

낙엽의 사연 알고
잔잔한 미소가 매혹적이고
흔한 듯 귀하고
말벗이 되어 주는 상냥한 꽃

한 자리 지켜 주고
예의 바르고
서로의 우정을 속삭여 주는
영원한 나의 꽃 코스모스

푸른 낙엽

가을은
아직 멀리 있는데

당신은 벌써 낙엽이 되어
작별의 인사도 없이
그리 떠나 가시나요

새벽이슬 떨구며
평생 생활 터전만 일군 당신

이제 시냇물 위 띄워졌으니
부디 넓은 바다의 주인공 되어
극락왕생하소서

나
쓸쓸한 가을이 되면
밀려오는 그리움 어찌 달래나요

평설

삶의 회상과 그 의식의 묘사

- 이상복 시집 《바람이려오》를 중심으로 -

김경수
(시인, 문학평론가)

삶의 회상과 그 의식의 묘사

- 이상복 시집 《바람이려오》를 중심으로 -

김경수(시인, 문학평론가)

책에서 위로받고 용기를 얻어
인생 제2막을 새롭게 시작하면서
무료함을 달래기 위해 시를 쓰며 등단하게 되었습니다.
어느덧 제 나이 고희를 앞두고 제1시집을 출간하게 되었습니다.
다듬기를 여러 번 반복했지만 아직도 미완의 작품인 것 같습니다.
설렘보다는 두려운 마음으로 세상에 발을 디뎌봅니다.

-시인의 〈자서〉에서

1 들어가면서

만물이 소생하고 생명이 넘치는 오월이다. 이러한 세월의 질주 속에서도 언제나 건강한 육체와 정신을 가지고 나름대로 어려운 시대에 삶을 스스로 이겨내며 살아간다면 그것이 바로 행복이며 사람들의 작은 소망이 아니겠는가? 다만 이러한 생기 넘치는 행복을 어디서 어떻게 찾느냐가 관건이겠다는 생각이다.

바로 이러한 행복과 소망을 문학 활동을 통해 자신의 나약해지는 정신 활동을 젊게 가꾸어 나간다면 그것이 바로 詩三百一言以蔽之曰思無邪 아니겠는가. 공자는 일찍이 이처럼 시詩는 사람에게 모든 사물을 바로 보게 하며 또한 시詩로서 새나 짐승, 풀, 나무들을 통해 시詩를 삼 백 수쯤 알게 되면 한마디로 사악함이 없다고 했다는 것이다.

시적 의식과 그 삶의 묘사에 대한 인생의 원리를 이미 문학을 통해 가르치고 있던 것이다. 그렇다면 요즘 같은 물질 만능의 세상을 살면서 돈도 밥도 되지 않는 시詩를 왜 쓰는가라는 질문에 대한 답이 될 수 있을 것이다.

이상복 시인은 본인의 시집 출간 자서自序에서 언급한 것처럼, 나이 고희를 앞두고 "책에서 위로받고 용기를 얻어 인생 제2막을 새롭게 시작하기 위해서 시인"이 되었다고 말한다. 이 말은 고희를 살아오면서 인생의 기쁨과 즐거움, 화냄과 슬픔, 사랑과 슬픔과 바램을 모두 헤치며 지금의 위치에 와 있고, 이제는 주변의 사람과 환경을 넘어 모두에게 격조 높은 인생길을 비춰주는 자기 수행의 동반자로 글쓰기를 시작했다는 이야기일 것이다.

그는 현재 강화도에서 거주하고 있다. 과거 지역농협에서 오랜 근무를 마치고 정년 이후 현재에도 강화도에서 농사를 짓고 있는 농사꾼 시인이다. 시를 짓는 일 외에도 생활 영어, 붓글씨, 그림 등 다양한 영역의 예술 활동을 하는 예술가이다. 그의 연륜年輪에 비해 젊고 왕성한 창작 의욕으로 문학 활동의 전성기를 맞고 있다.

이번에 상재하는 시집의 메타텍스트는 《바람이려오》이다. 전체 70편의 작품을 소제목 4부로 나누어 연관된 텍스트끼리 모아 엮었음을 알 수 있다. 시인은 이 시집을 통해 그동안 잃어버릴 뻔했던 일흔이라는 시적 자아詩的 自我를 발견하게 된다.

그 대부분 작품군群들은 일상과 인생의 관조를 통해 농사를 지으면서 느끼고 체험하는 다양한 서정이며 삶의 내적 성찰에 대한 묘사이다. 그뿐만 아니라 글을 쓰면서 자기 위로의 정서와 카타르시스를 통한 만족과 바람직한 삶에 대한 깨달음 등과 같은 대답이 들어 있음을 알 수 있다. 편안하고 쉬운 언어들로 표출하고 있을 뿐만 아니라 인생의 의미를 다시 한번 반추하는 자기반성과 성찰의 기회로 삼고 있음에 주목해야 할 일이다.

요즘 흔히들 시가 너무 어려워서 도대체 무슨 말을 하는지 알 수 없다는 독자들의 반응을 생각하면 이상복 시인의 일상적인 시어들은 그의 글을 읽는 독자들로 하여금 마음과 심적 부담을 덜고 있음을 확연히 알 수 있다.

결국 시는 어려운 시어나 단어의 나열을 통해 얻어지는 어려운 이미지보다는 그것에 대한 감정적, 정서적 반응이 더욱 중요한 양식이라는 조심스러운 생각을 해본다.

2 가족 사랑과 자화상

시는 무엇을 쓰느냐의 문제가 아니라 어떻게 쓰느냐가 중요하다고 본다. 그것은 현대시에 있어서는 무엇을 쓰는가로 출발이 아니라 무엇을 어떻게 쓰느냐로 출발을 하기 때문이다.

다음 시를 보도록 하자.

거울 속 저 노인
나만 따라서
웃으면 웃고
화내면 같이 화를 낸다

어느덧
빛바랜 내 청춘
노을 진 강가
부서진 나룻배 신세 같으니

강산은 그대로인데
나만 홀로
돌고 돌았네
인생 참 빠르기도 하여라

–「거울 속 노인」 전문

어느 날 거울 속에 비친 화자의 몸이 자신의 시야에 들어왔다. 그리고 그 거울을 통해 또 다른 자신을 바라보는 화자는 자신의 현재 모습을 발견한다. 거울 속에는 시간이 만들어낸 현실적 자아가 자신을 바라보고 있다. "거울 속 저 노인/나만 따라서/웃으면 웃고/화내면 같이 화를 낸다"(「거울 속 노인」 1연) 자신의 행동을 따라 하는 존재를 발견하다. 그것은 바로 자신에 대한 자화상이다. 그러면서도 "어느덧/빛바랜 내 청춘/노을 진 강가/부서진 나룻배 신세 같으니"(「거울 속 노인」 2연)라며 강을 건널 수 없는 부서진 나룻배 신세로 묘사하고 있다. 누구나가 나이 들어 몸도 마음도 쇠약해지면 생각마저도 나약해질 수밖에 없음을 말하고 있다. "강산은 그대로인데/나만 홀로/돌고 돌았네/인생 참 빠르기도 하여라"(「거울 속 노인」 3연)는 마지막 연에서는 측은지심이 떠오른다. 꽃잎이 지는 길목(고희)에서의 시적 화자는 당당함이 전혀 보이지 않는다.

다음 시를 보자.

세상 모진 풍파에 맞서
승리자 되려했다

살아남기 위한 고된 인생살이
내 편은 하나도 없더라

어둠의 긴 터널

맨몸으로 통과했고
어느덧 황혼

결승선에 도달한 내게
고생했다고 좀 쉬어도 된다고 토닥토닥
설움의 눈물이 왈칵

한평생
나는
나를
왜
그토록 모질게 채찍을 가했을까

-「황혼」 전문

이상복 시인의 시집의 시를 보면 대부분이 시인이 추구하고 있는 시적 진술presiding image은 매우 단순하다. 그러면서 그의 관념적인 생각을 대상에 투영시키면서 그 사색의 결과에 회한 적 시작 태도를 보인다. 역설적으로 생각하면 과거 인생의 당당함 속에서 그는 현재의 행복한 세월의 흐름을 만끽(?)하고 있는지도 모른다.

그는 지금 인생의 어스름한 빛이 드리울 때쯤인 현재에 와서 "세상 모진 풍파에 맞서/승리자 되려했다"(「황혼」 1연)

는 반성과 성찰을 동시에 하고 있다. "살아남기 위한 고된 인생살이/내 편은 하나도 없더라"(「황혼」 2연) "어둠의 긴 터널"(「황혼」 3연) "맨몸으로 통과했고/어느덧 황혼"(「황혼」 4연)에서처럼 황혼의 시간에서 바라보는 과거의 나는 언제나 혼자였다며 자신의 감정을 증폭시킨다. 과거를 보고 느끼는 시인의 마음은 차갑기만 하다. "결승선에 도달한 내게/고생했다고 좀 쉬어도 된다고 토닥토닥/설움의 눈물이 왈칵"(「황혼」 5연)처럼 삶의 위기를 긍정적으로 승화시키고 주어진 상황 속에서 대과大過 없이 오늘을 맞이하는 화자의 잃어버린 자아의 눈물이다. "한평생/나는/나를/왜/그토록 모질게 채찍을 가했을까"(「황혼」 6연) 라는 자책의 반성이다. 되돌아보면 언제나 나를 가르치는 것은, 그 누구도 아닌 '나'이며, 흘러간 시간이라는 것을 눈치챈 것이다.

이처럼 그의 시작 태도는 일상에서 얻어지는 철저한 체험의 바탕에서 우러나오는 진실 고백이며 여전히 자아의 모습을 찾으려 발버둥 치는 소극적 삶의 방식일 터이다. 저러한 그의 시적 의식의 흐름은 과거의 시간을 성찰하는 시이다. 이상복 시인의 이러한 회한에 대한 의식은 가족인 아내와 누님과 누이동생에 대한 이야기로 전이되고 있음을 알 수 있다.

믿음 하나로

험한 세상, 측은지심 살아준 당신
고맙소

자식들
모두 둥지 떠나고
달랑 남은 우리 두 사람

어느덧 반백
허전한데
몸도 예전 같지 않고

평생 빚진 거 많아
여생은
자유로운 영혼으로 살게 하고 싶소

당신 행복이
내
행복이기에

–「아내」 전문

이상복 시인은 누구보다도 가족에 대한 애틋한 사랑과 관심이 높았던 것을 느낄 수 있다. 송나라의 주자가 지은 주자십회侏子十悔에 보면 사람들에게 경계한 내용 중 불효부모사후회不孝父母死後悔, 뜻인즉 살아서 부모에게 효도하지 않으면 돌아가신 뒤에 후회한다는 내용과, 불친가족소후회不親家族疏後悔

즉, 가족에게 친하게 대하지 않으면 멀어진 뒤에 뉘우친다는 내용으로 역시 가족과 부모님에 대한 존중과 소중함을 나타내고 있다.

위 시에서 시인은 '측은지심' 살아준 당신이라 했으며, "자식들/모두 둥지 떠나고/달랑 남은 우리 두 사람"(「아내」 2연)처럼 위 가정도 여느 부부처럼 애지중지 키웠던 자식은 모두 떠나고 서로를 신뢰하고 의지하며 살아야 하는 현실을 인정할 수밖에 없는 오늘날 노인 가정의 현실을 나타내고 있다. "평생 빚진 거 많아/여생은/자유로운 영혼으로 살게 하고 싶소"(「아내」 4연)는 아내에게 다하지 못한 사랑의 마음을 전하는 고백이며, 여생만이라도 아내 뜻대로 자유롭게 살라는 간절함이 묻어있다. "당신 행복이/내/행복이기에"(「아내」 5연) 라며 오랫동안 삶을 살아오는 동안 어렵고 힘들 때일수록 아내의 사랑으로 힘과 용기를 얻고 마음의 정서를 순화할 수 있었던 것은 고향 같은 따스한 아내가 있었기 때문일 것이다.

누님과 여동생
친정집 기둥이라며
따뜻이 나를 보살핀다

누님은 이따금씩 밥 먹었냐고 물으시고

여동생은 건강을 물어 오니
엄마 같은 고마운 누이들

내게 모든 것 양보하고
평생 노동에 고단한 삶
무엇으로 보답하리오

근검절약은 삼 남매가 물려받은 유산
억척스럽지만
서로 의지하고 행복 나누며 살지요

-「누님과 누이동생」 전문

화자의 마음 한가운데 있는 미안함과 더불어 삶을 행복하게 살자는 내적 독백 형식으로 써진 작품이다. 과거 남존여비 사상이 강했던 시절에는 누구의 집에서나 남자가 우선이었다. "누님과 여동생/친정집 기둥이라며/따뜻이 나를 보살핀다"(-「누님과 누이동생」 1연)처럼 인간은 누구나 부족함에서 가슴을 태우고 부족함에서 사랑을 갈망하는 것처럼 집안의 지향점이자 목표인 아들의 성공을 바라는 집안의 갈증 현상으로 보인다. "누님은 이따금씩 밥 먹었냐고 물으시고/여동생은 건강을 물어 오니/엄마 같은 고마운 누이들"(-「누님과 누이동생」 2연)에서는 마음에 쌓아 두었던 가족에 대한 고마움을 고백한다. 시인의 가정에서도 삼 남매 중 화자가 남자이기에 누님과 누이동생이 남동생과 오빠의 출세를 위해 '희생'을 아낌없이 감수했던 누님과 누이동생에 대한 미안함에서 오는 감정을 나타내고 있다.

위에서 살폈듯이 가족을 매개로 대화를 나누는 화자의 성찰의식은 보이지 않는 고독한 영혼을 다독이고 있는 것이다. 물론 시적 언어를 특별히 고려하여 쓰고 있지는 않지만 진솔한 내적 성찰이 잘 표출되어 있다고 생각한다. 끊임없이 부족한 자신을 스스로 이해하고 용서하고 과거의 요소들로부터 극복을 위해 노력하는 과정이 아닐는지.

3 자기성찰과 고향의식

시詩란 무엇인가? 이러한 질문에 대한 답변은 아무리 귀담아들어도 답변하기가 그렇게 간단한 문제가 아닌 듯하다. 사람이 왜 사느냐는 질문만큼 어렵고 다양성이 내포되는 질문이다. 원래 시poetry라는 의미는 '창조한다', '행동한다'라는 두 가지 뜻을 가지고 있다고 한다. 그래서 시인은 '만드는 사람'이란 뜻을 가지고 있다 한다. 시의 정의를 살펴보면, 황무지를 쓴 영국의 작가 T · S 엘리엇은 "시의 역사는 오류의 역사"라고 했으며, 공자는 논어의 위정 편에서 '어느 정도 시를 알면 생각에 사악함이 없다'고 했고, 철학자 아리스토텔레스는 '언어에 의한 모방'이라고 했다. 이처럼 시에 대한 정의는 딱 잡아 이야기할 수 없는 것이다. 어쨌거나 오늘날 우리가 살고 있는 삶의 현장에서 시의 특질은 심오하게 변하고, 변모하기 때문에 사실 시에 대한 정의는 쉽게 내리기가 어렵다고 볼 수 있다. 따라서 시란 이론을 떠나 현실적으로 마음을 움직이게 하는 공감과 서정의 울림이 있을 때 작가나, 독자에게 비로소 그 시의 위력이 발휘하는 것만은 누구도 긍정하지 않을 수 없을 것이다.

나
떠나거든
동풍 타고 왔다가
서풍에 쓸려간
인생쯤으로 기억해 주오

있는 듯
없는 듯
숨죽이며
땀 흘려 열심히
그리 살아왔소이다

부모님
삶의 터전에 계단 하나 올리니
자식들이 하나 둘 보태고

손주들이 상단에 올라
만세 부르는데
무슨 걱정 있으리오

-「바람이려오」 전문

위 시는 이 시집의 메타 텍스트이다. 인간은 자기가 서 있는 곳에서 다른 차원을 향하여 내적의식의 열망을 채우려는 승화의 경지에 접근하려 하는 심리적 위치를 취한다. 위 시에서 보면 "나/떠나거든/동풍 타고 왔다가/서풍에 쓸려간/인생쯤으로 기억해 주오"(-「바람이려오」 1연) 시인은 삶의 수행에서 닦은, 즉 수행에서 인생의 경지를 만들어 내고 있다. 그리하여 바람처럼 자유롭게 동풍타고 왔다가 서풍에 쓸려간 인생으로 기억해 달라는 달관적 심미 상태를 나타내고 있다. "있는 듯/없는 듯/숨죽이며/땀 흘려 열심히/그리 살아왔소이다"(-「바람이려오」 2연) 이상복의 정신세계는 가난과 고된 인생길에서 승리의 결과에 대한 보상심리를 따뜻하고 넉넉한 인상으로 남기고 있다. 그리고 가족에 대한 사랑과 고마움 화목한 가족들 이야기 뒤로 "부모님/삶의 터전에 계단하나 올리니/자식들이 하나 둘 보태고/손주들이 상단에 올라/만세 부르는데/무슨 걱정 있으리오" 삭막하지 않은 곳이기에 바람으로 떠다녀도 행복하다는 화자는 오늘도 '바람이려오'이다. 바람은 자신이 위치하고자 하는 자유로운 공간일 것이다.

다음 작품을 보도록 하자.

잠시
나들이인 줄 알았는데
지나온 길 멀기도 하여라

부모 형제 가고 없는 낡은 옛집
찾던 이들 발길 끊어진 지 오래
허전한 마음 어찌 달래나

나 고향으로 돌아가리

이제부터 인생 2막
묵혔던 논밭 손질해서
아름다운 꽃 피워보리라

지난날
주인 싣고 가던 달구지처럼
덜거덕 삐거덕 그렇게 살아가리라

–「회향」 전문

여기서 "귀향"이라 하지 않고 "회향"이라 명제함은 숙명적으로 떠나 있는 고향, 그런 형이상학적인 이향이 아니더라도 오랜 기간 자신이 호연지기를 기르며 성장하던 시절의 동네 모습, 사람의 체온을 느끼며 자랐던 그런 정서적 고향을 의미할 것이다. 그곳을 떠나 직장 생활을 이유로 몇십 년을 떠나와 있던 그곳, 사람은 없고 잡풀만 무성한 그곳, "부모 형제 가고 없는 낡은 옛집/찾던 이들 발길 끊어진 지 오래/허전한 마음 어찌 달래나"(-「회향」 1연)는 유년의 기억을 따라 현실 속의 고향으로 가고자 하는 고향의식이 배어 있는 작품이다. 고향은 짐승에게도 수구초심首丘初心의 그립고 애달픔이 깃드는 곳이다. 젊은 시절엔 고향을 떠났다 해도 황혼이 밀려오는 무렵엔 고향으로 고개를 돌리는 것이, 인간의 일반적인 정서일 것이다.

해묵은 나뭇가지에도
새 생명 피어나는데
우리 인생도 그러했으면

꽃 잔치가 끝나고
여리여리 연두색 향연
꽃길인지 꿈길인지

텃밭 과수원 오가는
나는 잔심부름꾼
밥 달라
물 달라

약 달라
아우성들이다

늦은 꽃 서둘러 피고
한편엔 열매 맺으니
마음이 풍요롭다
-「심부름꾼」 전문

위 시는 「회향」으로 얻어진 농토에 "이제부터 인생 2막"의 견고한 삶의 둥지를 튼 모양이다. 가꾸고 열매 맺는 결실에서 인생의 달관적 심미 상태를 나타내고 있다. "해묵은 나뭇가지에도/새 생명 피어나는데/우리 인생도 그러했으면"(-「심부름꾼」 1연) 한다. 다만 '심부름꾼' 시에서는 텃밭 과수원을 오가며 자신만을 바라보는 과수나무들이 "텃밭 과수원 오가는/나는 잔심부름꾼/밥 달라/물 달라/약 달라/아우성들이다"(-「심부름꾼」 2연)는 설익은 표정의 감각과 재치의 신선미가 느껴지는 대목이기도 하다. 심부름꾼이라는 제목에서 성찰의 정서를 읽을 수 있다.

사람들은 실제로 인생을 살면서 몇 번의 고향을 떠나는 경험을 하게 된다. 그 이유는 개인적인 이유가 많겠지만 공적인 원인이 되기도 한다. 우리의 현대 시에서도 고향을 그리는 작품은 많다.

"예수님은 왜 '네 형제를 사랑하라' 하셨을까?/형제간 우애/지극히 당연한 말씀을/어미젖을 두고 싸움이 시작되어서일까?//소크라테스는 왜 '너 자신을 알라'고 했을까?/자신을 알면 남 얘기할 거 없을 텐데/비밀을 담아 두고는 못 살기에/남 얘기는 사흘 굶고도 한다지//사촌이 땅을 사면 왜 배가 아플까?/인간은 배고픈 것은 참아도/배 아픈 것은 못 참는다고 하거늘/그래서 적은 가까이에 있나 보다//세상에는/궁금하고/알 수 없는 것들이 너무도 많다"(-「알 수 없어요」 전문)

시 '알 수 없어요'는 화자가 전달하고자 하는 이야기를 자기 자신에게 말하는 형태로 독자에게 말하는 형태를 취하고 있다. 일상의 세계에서 일어나는 범주 '속'에서 진실을 찾으려는 몸짓을 보인다. '알 수 없어요'라는 의문에 값하는 진실의 실체가 있는지 없는지? 이런 모든 물음은 아침 연기처럼 사라지는 세월의 허무가 아닐까?

매슈 아널드는 "시는 인생의 비평"이다는 말과 함께 "시와 종교는 같다"는 말을 했다. "시의 근본은 무척 단순하고 순진하며, 작가가 마주한 진실에 대하여 거짓을 말할 수 없는 엄격한 시의 정신에 달린 것이다."라는 말을 인용하지 않더라도 시인의 사유나 고백적 요소가 시인의 의도와 맥을 같이 한다면 굳이 비유나 상상을 통해 낯설게 할 충분한 이유는 없다고 본다. 다만 시적으로 형상화하기 위한 노력은 있어야 시의 공감이 확대한다는 사실 또한 간과해서는 안 될 것이다.

4 시의 자유와 욕망의 갈증

모든 언어에는 감정도 있고 감성도 있다. 모든 시는 짧기에 허물이 쉽게 들킬 수도 있고 쉽게 감출 수도 있다. 감성에 치우쳐 시를 쓰다 보면 넘치고 흘러 견고한 틀을 가진 시를 쓸 수 없다. 어떤 이는 현대 시는 대부분 역설이라 직설법의 시는 재미없다고 한다. 이는 현대 시의 흐름을 말하고 있다. 그렇다면 '도대체' 시란 무엇인가? 평범한 질문 같지만, 답은 그리 쉽지 않다.

암튼 좋은 시의 덕목은 시인의 내면에 관념으로 자리 잡고 있는 '금기'를 푸는 일이라 생각한다. 누구나 자신의 보이지 않는 마음속에 금기를 풀어 솔직하게 써 내려간 글만큼 그 어떤 것보다 감동적일 수밖에 없다. 이는 문학의 지향점인 감동에 한 걸음 더 다가갈 수 있기 때문이다. 더불어 시적 긴장과 감각적인 이미지 음악적인 유희와 주제성이 배제된 시는 인정받기 어려울 것이다.

다음 시를 보도록 하자.

붓 한 자루 내게 주시오
답답한 속 쏟아내고 싶소이다

서리서리 굴곡진 내 인생
새까맣게 탔소이다

한 많던 세월
끄집어낼 터이니

그대는 옆에서
짙은 구음이나 흘려주면 좋겠소

신들린 붓은
미쳐 날뛰고

까만 먹물은
강물이어라

답답한 속 비워내니
이제야 살 것 같소

—「붓」 전문

이상복 시인은 바쁜 농사일을 하면서도 일주일에 한 번의 짬을 내어 붓글씨를 배우고 있다.

위 시는 2행 7연으로 구성된 시이다. 수평선 저쪽으로 사라져 가는, 그동안 그 누구에게도 말하지 못하고 이야기하지 못했던 화자의 인생 한평생을 처음으로 쏟아내는 고백이자 이 시를 통해 새롭게 살아보려는 건강성과 자신이 진정으로 원하는 삶을 살아가려는 의지의 표출이라 하겠다. 시에서 보듯이 참선의 마음으로 과거 시인의 욕구를 채울 수 없었던 내면에 쌓인 생의 억울함, 아쉬움, 서러움의 묵은 감정들을 일필휘지一筆揮之 하고 있다. “붓 한 자루 내게 주시오/답답한 속 쏟아내고 싶소이다(-「붓」 1연)”와 “서리서리 굴곡진 내 인생/새까맣게 탔소이다”(-「붓」 2연)처럼 과거 인생의 격정을 쏟아낼 도구를 찾고 있다. “한 많던 세월/끄집어낼 터이니//그대는 옆에서/짙은 구음이나 흘려주면 좋겠소”(-「붓」 3, 4연) 여기서 ‘그대’는 자신의 내면의 소리이다. 그 내면의 살아온 세월만큼 침묵했던 감정들을 화자의 입을 통해 흘려주면 좋겠다는 의지의 분출이다. 화자는 짙은 구음을 따라 “신들린 붓은/미쳐 날뛰고//까만 먹물은/강물이어라”(-「붓」 5, 6연)처럼 평생을 살면서 막혀있던 삶의 감정의 폭포수를 몸 밖으로 분출하고 있다. 시를 통한 영혼치유의 과정을 거치는 중이다. “답답한 속 비워내니/이제야 살 것 같소(-「붓」 7연) 처럼 시 한 편을 통해 자신의 욕구에 대한 만족과 좌절되는 것이 무엇인지를 살펴 주는 회상과 치유의 공감을, 위력을 실감 나게 보여 주고 있다.

다음의 시에서 화자의 요구에 대한 간절함이 이어진다.

"온통 하얀 세상/낙서 지워 놓은 도화지 같으니/여기에다 무얼 그릴까//얼룩진 내 인생도 깨끗이 지워/부잣집 아들로 다시 태어나/유학을 핑계로 세계 일주하면서/느릿느릿 인생 좀 즐기고 싶다//멋들어진 삐까번쩍 슈퍼카//천둥소리 내는 오토바이/파란 바다 위에 하얀 요트 띄워놓고/떵떵거리며 살고 싶다//보란 듯이 어깨 한 번 쫙 펴고/제대로 사고 한번 쳐 보고 싶다"(-「첫눈」 전문)

"젊어서 시를 쓴다고 해서 좋은 것은 아니다. 사실은 기다려야 하는 것이다. 한평생 그것도 가능하면 늙을 때까지 평생의 꿀을 모아야 한다. 그리고 그 결과 겨우 열 줄가량의 좋은 시를 쓸 수 있게 될는지 모른다" 이 말은 독일의 시인, 릴케(1875~1926)이 한 말이다. 첫눈을 매개로 삶의 본질을 이야기하고 있다. 이를테면 첫눈처럼 모든 시인의 인생을 뒤집어 새롭게 태어나 자신이 원하는 욕망과 자유를 모두 새롭게 누리고 싶다는, 즉 땅에서 살면서 하늘에 날기를 바라는(?) 시는 어둠에서 빛으로 변형하는 동료이기 때문이다.

청춘은 맘이
노인은 몸이

아프답니다

가슴이 답답한 청춘들은
시간도 돈이니
젊은 시절 겪은 어른에게 길을 물어요

툭툭 던지는 한마디에 답이 있고
멘토가 될 수 있으니
꼰대로만 치부하지 말아요

세상은 넓고 할 일은 많은 청춘
디지털 시대에 아날로그 사고, 노인
우리 서로 존중하고 배려하며 함께 살자구요

-「청춘과 노인」 전문

"가슴이 답답한 청춘들은/시간도 돈이니/젊은 시절 겪은 어른에게 길을 물어요"(-「청춘과 노인」 2연) 가슴이 답답한 청춘들은 어른들에게 지혜를 구하라는 전언이다. 그러면서 "툭툭 던지는 한마디에 답이 있고/멘토가 될 수 있으니/꼰대로만 치부하지 말아요"(-「청춘과 노인」 3연)라는 다소 늙음에 대한 허무 의식을 보이기도 하지만 이는 화자 스스로 자기 존재를 확인하는 과정이며, 꼰대로 치부하지 말라는 당부까지 하고 있다. 점점 사라져 가는 역할에 대한 소외 의식이라 생각한다. "세상은 넓고 할 일은 많은 청춘/디지털 시대에 아날로그 사고, 노인/우리 서로 존중하고 배려하며 함께 살자구요"라는 건강한 공감의 사회를 내심 강조하고 있다.

오늘날 우리의 시대는 이미 고령화 사회로 진입한 지 오래다. 또한 문학의 형태는 물론 사회를 구성하고 있는 세대 간의 격차도 만만치 않음이 현실이다. 인간이 살아가는 형태는 얼마든지 변화하고 진화할 수 있다. 다만, 화자가 위 시에서 이야기하고자 하는 맥락은 세상이 아무리 변화하고 진화할 수 있다 해도 인간의 본질과 근본 사상은 변하지 말아야 한다는 내용으로 받아들여진다.

"한 잔 술에/술이 불이 돼/희로애락 있으니/내 인생도 술 역사에 보탠다//술은/적당히 마시면 보약도 되고/나를 춤추게 하고/잠 잘 자는 수면제가 되기도 하고/없던 용기도 주고/너그러이 용서하게 하고/꿈속 첫사랑도 만나게 해주고/태평양도 한 바가지라고 배짱부리게 하고/막걸리는 요기가 되니 밥 안 먹어도 배부르다//술/네가 있어/참 좋다"(-「술이야 불이야」 전문)

인간은 항상 완벽한 삶을 염원하며 자신의 현재 위치로부터 탈출을 시도한다. 술과의 대화를 나누는 시인은 삶의 고독한 영혼을 술 매개로 다독이고 있다. 술과 인생을 같은 이미지로 형성하여 시인의 애달픔을 호소하고 있다고 본다. 술이란 어쩌면 힘들고 고달픈 이승에서의 삶을, 가장 넉넉하고 어머니 품처럼 온기(불)가 있기에 마음껏 투정을 부리고 무슨 일을 해도 몽땅 마음을 받아주는 피안彼岸처일 것이다. '한 잔 술'과 '희로애락'은 동가同價를 이루면서 '술이 불이 되어' 나를 춤추게 한다는 은유의 고리를 연결한다. 시인의 인생도 술 역사에 보태는 의식의 전환은 원천적으로 시인의 의식 장소가 되는 것이라고 생각한다.

5 나가면서

현대 시는 반드시 시어詩語라는 개념보다는 비유나 상상 등을 시적 표현의 본질로 생각하는 연구들을 많이 하고 있다. 시어의 다양성을 응축하고 함축하여 섬세하고 신선한 창조적 세계를 작품으로 보여주는 것이다. 이상복의 시를 접하면서 그의 내면을 공감하게 된다. 그 내면의 공감 영역은 시인이 살아온 체험이 중요한 요소가 된다. 그래서 '작품은 그 사람이다'라고 많은 사람은 말하고 있다. 따라서 글을 쓴다는 것은 깨달음을 위함이며 문학 앞에 인간다운 겸손한 생각으로 이야기를 할 때 좋은 글이 나온다는 것이다.

이번에 첫 시집을 내는 이상복 시인은 그의 일생의 삶에 대한 체험을 바탕으로 회한 적 감정들을 비교적 평이하지만 나름대로 교설이 보이는 곳을 만날 수 있다. 그 교설을 통해 마음의 카타르시스를 느끼고 있다고 본다. 이상복의 시 속에는 어렵고 힘들었던 욕망에 대한 상실감을 자서自序에서 언급한 것처럼 이렇게 표현하고 있다. 고희를 앞두고 "시(책)에서 위로받고 용기를 얻어 인생 제2막을 새롭게 시작하기 위해서 시인"이 되었다고 말한다. 현대인의 회고의식은 과거에서 현재로의 환경 변화 속에 생각의 섬처럼 서로 이질화되는 것이기도 하지만, 거기서 발견되는 정신의 위기와 삶의 의식은 궁극적으로는 작품을 통해 구원의 길을 모색하는 길이 될 것이다.